CONSULTATION

DE

MAITRE ÉDOUARD CLUNET

AVOCAT A LA COUR DE PARIS

MEMBRE DE L'INSTITUT DE DROIT INTERNATIONAL, ANCIEN VICE-PRÉSIDENT

SUR QUELQUES QUESTIONS JURIDIQUES

SOULEVÉES PAR LA

CONTESTATION DE LIMITES ENTRE L'ÉQUATEUR ET LE PÉROU

DÉFÉRÉE A

L'ARBITRAGE DE S. M. LE ROI D'ESPAGNE

PARIS

MARS 1906

CONSULTATION

DE

MAITRE ÉDOUARD CLUNET

AVOCAT A LA COUR DE PARIS

MEMBRE DE L'INSTITUT DE DROIT INTERNATIONAL, ANCIEN VICE-PRÉSIDENT

SUR QUELQUES QUESTIONS JURIDIQUES

SOULEVÉES PAR LA

CONTESTATION DE LIMITES ENTRE L'ÉQUATEUR ET LE PÉROU

DÉFÉRÉE A

L'ARBITRAGE DE S. M. LE ROI D'ESPAGNE

PARIS

MARS 1906

CONSULTATION

Le soussigné, Édouard Clunet, avocat à la Cour de Paris, membre de l'Institut de droit international, ancien vice-président, consulté par M. Honorato Vázquez, ministre de l'Équateur, en mission spéciale en Espagne, sur les questions ci-après formulées,

Vu l'exposé des faits à lui présenté et qui va être reproduit ;

Vu les documents l'accompagnant : *(Memoria historico-juridica; Memorandum; Segundo Memorandum de Honorato Vázquez.)*;

Vu le protocole d'arbitrage signé à Quito le 1er août 1887 entre les représentants de l'Équateur et du Pérou;

Vu le traité de paix signé à Guayaquil entre la Colombie et le Pérou le 29 septembre 1829 ;

Vu le protocole entre ces deux Puissances signé à Lima le 11 août 1830, dit *Protocole Pedemonte-Mosquera* de 1830;

A émis le présent avis :

FAITS

1. Le différend de frontières qui existe entre l'Équateur et le Pérou date de la déclaration de l'Indépendance. L'Équateur ne constituait pas avant 1830 une République indépendante; confondu avec la Colombie et le Venezuela, il formait la République de Colombie.

La Colombie, pour rétablir les limites qui lui avaient été assignées par la Couronne d'Espagne au xvi⁰ et au xviii⁰ siècle, fut amenée, en 1828, à soutenir une guerre contre le Pérou qui occupait indûment une partie des territoires colombiens, notamment les districts de Jaen et de Maynas.

2. Cette guerre prit fin, en 1829, par la victoire complète de la Colombie, à Tarqui. Un traité de paix fut signé le 22 septembre 1829 à Guayaquil, et plus tard ratifié; ce traité stipulait (Art. 5) que la Colombie et le Pérou conserveraient les limites qu'avaient, avant l'Indépendance, les vice-royautés *(virreinatos)* de la Nouvelle-Grenade (aux droits de laquelle se trouvait historiquement la Colombie) et du Pérou, sauf les concessions que les deux Républiques croiraient devoir se faire pour établir une ligne de frontières naturelle, exacte et définitive. Plus loin (Art. 6), il était convenu qu'une Commission mixte, composée de deux délégués pour chaque République, se rendrait sur les lieux pour fixer la ligne de frontières en partant de la rivière Tumbes. L'article 7 établissait que les délégués devraient commencer leurs travaux quarante jours après la ratification du traité pour les terminer dans un délai de six mois.

Les délégués de la Colombie furent exacts au rendez-vous, mais ils attendirent en vain, pendant trois mois, leurs collègues péruviens.

.**3.** L'année suivante, au mois d'août 1830, le général Mosquera, plénipotentiaire colombien, se rendait à Lima et signait avec M. Pedemonte, Ministre des Affaires Étrangères du Pérou, un protocole aux termes duquel la ligne de démarcation proposée par la Colombie (depuis l'endroit où la rivière Yurati se jette dans l'Amazone jusqu'à la rivière Tumbes) était acceptée par le Pérou sauf un point, à savoir si la ligne devait remonter le cours de la rivière Huancabamba, comme le demandait le général Mosquera (Colombie), ou le cours de la rivière Chinchipe, comme le réclamait M. Pedemonte (Pérou). Les deux plénipotentiaires n'ayant pu se mettre d'accord à ce sujet, le protocole stipula que toute la ligne de frontières demeurait fixée, sauf ce point laissé en suspens et sur lequel le gouvernement colombien serait consulté.

4. Pendant le cours de la même année, 1830, la Colombie se divisait en trois États indépendants, la Colombie actuelle, le Venezuela et l'Équateur ; ce dernier se composait de tous les territoires compris autrefois dans l'ancienne audience de Quito (dépendant autrefois de la vice-royauté de la Nouvelle-Grenade), et dont quelques-uns étaient indûment occupés par le Pérou.

5. Depuis ce moment, l'Équateur, héritier des droits de l'ancienne Colombie, continuatrice elle-même de la vice-royauté de la Nouvelle-Grenade, a réclamé en vain l'exécution du traité de 1829. Il a continuellement protesté contre les agissements du Pérou qui non seulement détient des territoires qui ne lui appartiennent pas, mais encore se livre sans cesse à de nouveaux empiétements.

6. L'Équateur n'avait pu s'appuyer jusqu'à présent dans ses réclamations sur le Protocole Pedemonte-Mosquera de 1830, parce qu'il n'en avait pas connaissance, le Pérou n'ayant pas cru devoir en révéler l'existence et la copie authentique n'ayant pu être obtenue qu'en 1904.

7. Dans l'opinion de l'Équateur, les véritables limites de la République ne peuvent faire de doute, puisqu'elles ont été établies par les Ordonnances royales de 1563, 1717 et 1739 et que, quoique le Pérou prétende à tort qu'elles ont été modifiées en 1802 par une Ordonnance royale d'ordre purement admini stratif, elles figuraient sans modification dans l'Annuaire officiel d'Espagne de 1822; elles ont d'ailleurs été reconnues, dans leur totalité, par le gouvernement espagnol, en 1840, dans un traité de paix conclu avec l'Équateur.

8. Le Pérou ayant persisté à occuper des territoires équatoriens, et toutes tentatives d'arrangement ayant échoué, il fut convenu entre les deux Puissances intéressées, en 1887, pour éviter la guerre, d'avoir recours à l'arbitrage de S. M. le roi d'Espagne. Ce Souverain voulut bien accepter d'être arbitre de droit. Les deux parties doivent présenter leurs mémoires définitifs.

L'Équateur s'attache à démontrer que le traité de 1829 a toujours toute sa valeur, de même que le Protocole de 1830, qui en est la conséquence, et constitue un commencement d'exécution.

9. Ce Protocole ayant déterminé d'une façon précise la ligne de frontières entre l'Équateur et le Pérou, sauf en une section, il en résulte, soutient l'Équateur, que c'est ce point seul qui se trouve soumis à l'arbitrage de droit de Sa Majesté Catholique. En effet, la convention d'arbitrage de 1887 dit que « toutes les questions de limites *pendantes* sont soumises à l'arbitrage. » L'Équateur estime qu'il n'y a qu'un seul point « pendant », aux termes du Protocole, à savoir : si la ligne de délimitation suivra, à un moment donné, le cours du Huancabamba, ou celui du Chinchipe.

QUESTIONS

I. Pour interpréter les clauses d'un traité de paix, ne faut-il pas
tenir compte des éléments suivants :

> *a)* Causes de l'état de guerre ;

> *b)* Procès-verbaux des conférences des négociateurs du traité;

> *c)* Actes des Hautes Parties contractantes, postérieurement au
> traité et qui éclairent leurs intentions en contractant ?

II. La portée et les conséquences d'un traité de paix ne sont-elles
pas dans un rapport direct avec les réclamations formulées par le
vainqueur dès avant la guerre ?

III. Les constatations des procès-verbaux des conférences préliminaires à la signature d'un traité représentent-elles l'expression officielle
de la pensée des négociateurs, sauf le cas de réserves expresses disant
qu'ils émettent seulement des opinions personnelles?

IV. N'y a-t-il pas lieu de faire application des principes de la
morale et du droit naturel à la solution des conflits que les États
défèrent à l'arbitrage?

V. Quelle valeur juridique, au point de vue de ses droits sur les
territoires disputés, l'Équateur peut-il tirer du protocole Pedemonte-
Mosquera de 1830, ainsi que des documents antérieurs ou postérieurs
à ce protocole?

AVIS

QUESTION I

Pour interpréter les clauses d'un traité de paix, ne faut-il pas tenir compte des éléments suivants :

a) Causes de l'état de guerre ;

b) Procès-verbaux des conférences des négociateurs du traité ;

c) Actes des Hautes Parties contractantes postérieurement au traité et qui éclairent leurs intentions en contractant ?

RÉPONSE

10. Toute la matière de l'interprétation des traités internationaux se trouve impliquée dans cette première question.

11. Comme il s'agit d'éclairer le Tribunal arbitral et lui indiquer la voie la plus sûre où s'engager, il convient de déterminer ces règles, moins par des vues personnelles, qui n'auraient que la valeur d'une opinion individuelle, que par la mise en lumière des règles consacrées par une imposante communauté d'opinions, et comme telles généralement appliquées.

12. « Les traités publics, dit le célèbre diplomate américain Henry WHEATON, doivent être interprétés comme les autres lois et contrats (1). »

---

(1) H. WHEATON, *Éléments de Droit international*, 5ᵉ éd., t. I, Leipsig, 1874, p. 279.

13. Même formule chez Alphonse RIVIER, professeur à l'université de Bruxelles : « Les principes de l'interprétation des traités sont en somme, *mutatis mutandis*, ceux de l'interprétation des conventions entre particuliers, principes de bon sens et d'expérience, formulés par les Prudents de Rome (1). »

14. *Sic*, M. PIEDELIÈVRE, actuellement professeur à la Faculté de Droit de Paris : « Quant aux règles d'interprétation [des traités] elles-mêmes, elles sont très simples. Les principes du droit privé trouvent ici naturellement leur application (2). »

15. L'herméneutique des conventions entre États ne peut, par nature, différer de celle des conventions entre particuliers (3). Les unes et les autres sont le produit de la réflexion et de l'intelligence des mêmes cerveaux. Elles tendent au même but, l'accord des parties ; il y n'y a pas deux méthodes pour comprendre et expliquer ce que des hommes ont tenté de mettre dans un contrat. Sans doute, en ce qui concerne la sanction de l'interprétation, une différence existe entre les traités privés et les traités publics. Les premiers sont interprétés par une juridiction supérieure aux parties intéressées et organisée, par la loi commune dont ces parties dépendent, pour imposer sa décision. L'interprétation d'un traité public sera disputée entre deux États, sans que la version de l'un puisse être imposée à l'autre, à raison de leur indépendance réciproque. Mais cette interprétation est déférable, comme ils l'ont fait ici, à une tierce Puissance, dont à l'avance les États litigants ont accepté l'opinion. Il y a donc pratiquement des expédients pour amener les États à admettre la solution interprétative, donnée

---

(1) A, RIVIER, *Principes du Droit des gens*, t. II, Paris, Rousseau, 1896, p. 122. C'est ainsi que les tribunaux interprètent ceux des traités diplomatiques, dont la critique ressortit de leur compéte nce, comme touchant aux intérêts privés. Voir CLUNET, *Tables générales* (1874-1905), IV, v° *Traité diplomatique*, p. 921.

(2) A. PIÉDELIÈVRE, *Précis de Droit international public*, I, Paris, Pichon, 1894, n° 357.

(3) Comment les règles d'interprétation des traités publics seraient-elles différentes de celles qui s'appliquent aux traités privés, puisque l'on reconnaît qu'il y a identité entre les règles qui président à la *formation* des unes et des autres ?

« Afin que les traités de paix soient revêtus d'un caractère parfaitement légal et obligatoire, le droit des gens a dû exiger pour leur conclusion des conditions analogues à celles que le *droit civil* prescrit à l'égard des engagements les plus sérieux, et principalement des conditions de capacité personnelle de la part des contractants. » (CALVO, *Droit international*, t IV, Paris-Berlin, 1888, p. 361.)

aux controverses, ouvertes entre eux, sur les actes qu'ils ont signés. Les États sont des plaideurs indépendants, mais non insoumis. Comme les plaideurs ordinaires, ils ont besoin de justice et de certitude.

16. S'il y a parfois une difficulté pratique à assurer l'exécution matérielle de l'interprétation, à laquelle donne lieu la divergence dans l'intelligence d'un texte, les règles de raison, qui doivent guider cette interprétation, ne sont pas flottantes. La sagesse romaine, après une longue expérience d'une civilisation compliquée, les avait déjà formulées ; la plupart des Codes modernes d'Europe et d'Amérique n'ont eu qu'à les y aller prendre.

17. Cette matière « de l'interprétation des traités » a retenu, surtout autrefois, l'attention des jurisconsultes. Vattel y a consacré tout un chapitre, très élaboré, de cinquante pages (1).

Ainsi ont fait après lui, et d'après lui, en condensant les règles interprétatives proposées par le jurisconsulte prussien :

> Charles CALVO, ministre de la République Argentine, *le Droit international théorique et pratique*, t. III, Paris-Berlin, § 1650 ;

> P. PRADIER-FODÉRÉ, doyen honoraire de la Faculté des Sciences politiques de Lima, *Traité de Droit international public*, t. II, Paris, 1885, p. 871 ;

> P. FIORE, professeur à l'Université de Naples, *Nouveau Droit international public* (trad. Ch. Antoine), t. II, Paris, Pedone, 1885, p. 394 ;

> HEFFTER, professeur à l'Université de Berlin, *le Droit international de l'Europe* (4ᵉ éd. H. Geffcken), Berlin-Paris, 1883, p. 214 ;

> NEUMANN, professeur à l'Université de Vienne (3ᵉ éd. Riedmatten), *Éléments du Droit des gens modernes*, Paris, Rousseau, 1886, p. 117 ;

> MARTENS, professeur à l'Université de Saint-Pétersbourg, *Traité de Droit international* (éd. Léo), t. I, Paris, 1883, p. 555.

---

(1) VATTEL, *le Droit des gens* (nouvelle édition Royer-Collard), Paris, Aillaud, 1835, t. II, chap. xvii, §§ 262 à 322, pp. 1 à 50.

18. On estime aujourd'hui que, sans vouloir organiser en détail un système interprétatif, il est préférable de s'en tenir aux règles générales, qui, sous la pression de l'expérience, sont entrées dans la plupart des Codes positifs, et notamment dans le Code civil français de 1804 (art. 1186 et suiv.) et dans le Code civil espagnol de 1889 (art. 1281 à 1289).

Ces règles se recommandent d'autant plus aisément aux différentes nations qu'elles sont moins des articles de loi qu'une méthode de raisonnement, moins des principes de législation que des axiomes de logique, — ce qui permettait à un éminent magistrat cette réflexion, en parlant d'elles : « L'on dirait Solon écrivant ses Tables avec la plume d'Aristote » (1).

Ces règles, qui s'appuient sur l'autorité du consentement général, se résument ainsi :

Les traités, comme toutes les conventions, étant des contrats de bonne foi, doivent avant tout s'interpréter dans le sens de l'équité et de la justice (2);

On doit, dans les conventions, rechercher quelle a été la commune intention des parties contractantes plutôt que de s'arrêter au sens littéral des termes;

Mais il n'est permis de rechercher la commune intention des parties que lorsque le sens littéral présente quelque ambiguïté (3) : *Cum in verbis nulla ambiguitas est, non debet admitti voluntatis quœstio* (4);

Lorsqu'une clause est susceptible de deux sens, on doit plutôt l'entendre dans celui avec lequel elle peut produire quelque effet que dans le sens où elle n'en pourrait produire aucun;

---

(1) Larombière, président à la Cour de Cassation : *Théorie et pratique des obligations*, t. II, p. 106. Paris, 1885.

(2) Code civil allemand de 1900. Art. 157 : Les contrats doivent être interprètes comme l'exigent la loyauté et confiance réciproque, en corrélation avec les usages admis dans les affaires.

(3) Id., *Ibid.*, p! 107.

(4) L. 25 ff. *De Legat.* — L. 69, § 1 ff. *De Legat.*
Wolff, dans son *Jus Naturale*, pass. vii, note 822, s'exprime ainsi : *Standum omnino est iis quœ verbis expressis, quorum manifestus est significatus, indicata fuerunt, nisi omnem a negotiis humanis, certitudinem removere volueris.*
C'est la pensée que Vattel exprime heureusement de son côté : « Quand un acte est conçu en termes clairs et précis, quand le sens en est manifeste et ne conduit à rien d'absurde, on n'a aucune raison de se refuser au sens que cet acte présente naturellement. (*Le Droit des gens*, t. II, p. 2, édit. Royer-Collard, Paris, 1835.)

Les doutes doivent être résolus soit en tenant compte de l'objet général du traité et du rapprochement des différentes stipulations qu'il renferme, soit des circonstances qui ont précédé ou accompagné sa signature (protocoles, procès-verbaux et tous actes quelconques dressés par les négociateurs), soit de l'usage (1);

Toutes les clauses des conventions s'interprètent les unes par les autres, en donnant à chacune le sens qui résulte de l'acte tout entier;

Ce sont ces règles d'interprétation qui sont appliquées, notamment par la jurisprudence française, dans le cas où, s'agissant d'intérêts privés, nos tribunaux se reconnaissent le droit d'interpréter les traités diplomatiques, sans être tenus de surseoir et de renvoyer au Gouvernement (2).

19. C'est par une conséquence naturelle de ces règles générales que, spécialement en ce qui concerne l'interprétation d'un traité de paix, on s'accorde à reconnaître qu'il convient de rechercher le motif pour lequel il a été conclu, les raisons pour lesquelles ses signataires ont recouru aux armes, les circonstances historiques dont il est issu (3).

20. Les plus récents publicistes ont fourni sur ce point d'excellentes formules que nous ne saurions qu'approuver.

Nous les empruntons aux ouvrages publiés par nos distingués collègues à l'Institut de droit international, M. Chrétien, professeur à la Faculté de droit de Nancy, et M. Despagnet, professeur à la Faculté de droit de Bordeaux.

« C'est dans l'histoire antérieure des rapports que le traité a eu pour but de réglementer qu'il faut avant tout chercher des éléments de solution » (4).

---

(1) Texte adopté par le professeur Piédelièvre, *Précis de Droit international public*, I, p. 309. Paris, 1894.

(2) V. Clunet, *Tables générales* (1874-1905), IV, v° *Traité diplomatique*, p. 921, n°ˢ 24 et suiv.

(3) Cf. Vattel, lib. II, cap. xvii, § 287.
Martens : « Le contenu d'un traité s'explique en déterminant : *a)* son origine historique; *b)*...; *c)* son intention, son but, son esprit », t. I, p. 556; édit. Leo, Paris 1883.
Cf. Pradier Fodéré, t. II, § 1182; Paris, 1885.

(4) Chrétien : *Principes de Droit public*, I, p. 343; Paris, 1893.

« Le commentaire le plus sûr des traités se trouvera dans l'histoire des rapports de même nature que ceux prévus dans ces traités » (1).

21. Si l'étude des circonstances d'où est sorti le traité, sujet à interprétation, jette un jour utile sur les intentions des parties contractantes, la notation de leurs actes, de leurs appréciations, de leurs aveux directs ou indirects, postérieurement à la signature de l'acte, est d'un grand secours pour confirmer le sens de ces intentions. Ces circonstances ultérieures peuvent être retenues comme une exécution ou un commencement d'exécution du pacte conclu.

Or, il faut mettre au rang des meilleures règles d'interprétation, celle que fournit l'exécution donnée par les parties à la clause de leur convention aujourd'hui controversée (2).

22. Le nouveau Code civil espagnol de 1889 l'a dit en fort bons termes, dans son article 1282 : « Pour juger l'intention des contractants, on devra s'attacher à leurs actes contemporains et postérieurs. »

22 *bis.* Sur la valeur probatoire des procès-verbaux des Conférences des négociateurs, V. la Question III, *infra*, p. 16.

---

(1) DESPAGNET : *Cours de Droit international public*, p. 493 ; 2ᵉ édit. ; Paris, 1899.

(2) DEMOLOMBE, doyen de la Faculté de Droit de Caen, *Traité des Contrats*, t. II, Paris, 1869, nᵒ 36.

QUESTION II

La portée et les conséquences d'un traité de paix ne sont-elles pas dans un rapport direct avec les réclamations formulées par le vainqueur, dès avant la guerre ?

RÉPONSE

23. La réponse affirmative à cette question se déduit des règles générales qui ont été posées plus haut pour l'interprétation des traités.

24. Précisons d'abord ce qu'est un traité de paix.

« Le traité de paix est l'acte par lequel les belligérants constatent l'état de leurs forces, règlent, d'après les résultats de la guerre, leurs prétentions respectives, les valident et les consacrent par un acte solennel »(1).

25. Nous avons dit que, pour comprendre la portée d'un traité de paix, il fallait rechercher l'intention des parties et que, pour pénétrer cette intention, il convenait d'étudier l'histoire des difficultés d'où la guerre était sortie. Comme le traité de paix, quand il est imposé par le peuple vainqueur au peuple vaincu, a précisément pour objet de mettre fin au différend, en obtenant du vaincu la concession qu'il se refusait à consentir jusque-là, la formule même des revendications du vainqueur aura une grande importance. C'est en face de ces revendications qu'on se placera pour comprendre l'acte diplomatique par lequel le vaincu y aura fait droit, comme contraint et forcé, sans

---

(1) GUELLE, professeur à l'École de Saint-Cyr, *Précis des lois de la Guerre*. Paris, 1884, t. II, p. 241.

doute (1), mais, dans le désir de terminer une guerre susceptible d'entraîner pour lui des maux plus graves que ceux auxquels il se résigne pour obtenir la paix.

26. La circonstance que les revendications du vainqueur auront été, dès avant la guerre, parfaitement connues, hautement et souvent proclamées, qu'elles constituaient, au su des deux parties litigantes, l'enjeu de la guerre à laquelle le traité met fin, sera prise en considération dans l'appréciation de la portée de ce traité.

---

(1) « Le traité de paix conclu entre les plénipotentiaires des États belligérants est *obligatoire* dans toutes les circonstances quand même il serait *imposé par la prépondérance* de l'une des deux parties qui contractent, et qui impliquerait une renonciation à des droits incontestables. » HEFFTER, édition Geffcken, Paris, 1883, p.   .

QUESTION III

*Les constatations des procès-verbaux des conférences préliminaires à la signature
d'un traité représentent-elles l'expression officielle de la pensée des
négociateurs, sauf le cas de réserves expresses disant qu'ils émettent
seulement des opinions personnelles ?*

RÉPONSE

27. Pour connaître le sens d'une loi, d'un acte, d'une convention,
la méthode à suivre est d'abord la consultation directe du texte inté-
ressé ; mais pour avoir l'intelligence complète de la pensée qu'il
renferme, on recourra aux travaux préparatoires.

28. Ces travaux préparatoires seront, en ce qui concerne une loi,
l'exposé des motifs, la discussion en commission, les débats parlemen-
taires publiés dans les journaux officiels ou dans des annales spéciales,
suivant les pays.

29. S'il s'agit d'un traité public ou diplomatique, les travaux préparatoires à consulter consisteront dans les pourparlers, conférences,
discussions qui ont précédé la rédaction de l'instrument définitif, et qui
généralement sont « actés » dans des procès-verbaux ou protocoles
officiels (1). Ainsi fait-on, dans la pratique, pour les conventions d'Union
entre un grand nombre d'États européens ou extra-européens conclues

---

(1) Aussi ces protocoles, constituant une source de droit, importante à consulter pour la portée et le sens
du traité, sont-ils recueillis et publiés comme les traités eux-mêmes. V. les protocoles « de la Conférence
de paix entre le Japon et la Russie (Mémorial diplomatique, 4 et 11 mars 1906, p. 138) qui ont précédé
le traité de Porsmouth des 23 août/5 septembre 1905 (v. texte, Clunet 1906, p. 243).

à Berne en 1883 pour la protection de la propriété industrielle, et en 1886 pour la protection des œuvres de l'esprit (1).

30. Les procès-verbaux authentiqués par la signature du président et du secrétaire de la Commission Conférence, etc., sont considérés comme une source d'interprétation hors de conteste. C'est la pensée même des négociateurs prise sur le vif.

Les négociateurs sont présumés s'être exprimés en leur qualité officielle de représentants du pays qui les a accrédités; ils parlent au nom du souverain ou de la nation, qui les a nantis à cet effet d'une délégation spéciale. Cette délégation, une fois reconnue lors de la formalité de la vérification des pouvoirs,·les revêt d'un caractère élevé, qui leur assure le respect, mais qui en retour fait attacher à leurs paroles le même crédit qu'à leur auguste mandant.

31. Pour déroger à cette situation que la tradition et les usages séculaires ont consacrée, il faut que les négociateurs, plénipotentiaires, commissaires ou autres aient déclaré qu'ils ne se présentaient de la part de leur souverain (État, Monarque, République, etc.) pour participer aux travaux de la Conférence que sous les réserves connues *ad audiendum* ou *ad referendum*. Cette situation est exceptionnelle; elle n'est pas sous-entendue.

Lorsque les négociateurs participent aux travaux préliminaires ou accessoires à un traité en leur qualité ordinaire et sans réserves, leurs déclarations engagent l'État qu'ils représentent, de même que l'État représenté peut invoquer les déclarations faites dans les mêmes conditions de régularité, par l'autre partie à ses représentants.

---

(1) Les tribunaux recourent à ces travaux préparatoires et les citent dans leurs décisions pour éclairer le sens d'un article de traité. Ainsi faisait récemment la Cour d'appel de Rouen pour interpréter l'arrangement international signé à Madrid le 14 avril 1891, entre plusieurs Puissances pour la protection des « appellations régionales de provenance des produits vinicoles » (Rouen 26 juin 1900. Clunet 1901, p. 360).

QUESTION IV

N'y a-t-il pas lieu de faire application des principes de la morale et du droit naturel à la solution des conflits que les États défèrent à l'arbitrage?

RÉPONSE

32. Si les principes de la morale et du droit naturel doivent servir à l'interprétation des traités publics, ainsi que la démonstration en a été faite ci-dessus (V. n° 18), ils seront naturellement les guides des arbitres chargés de résoudre juridiquement les conflits que cette interprétation a soulevés entre deux ou plusieurs États.

33. Cette règle est en quelque sorte entrée dans le domaine du droit international positif avec la « Convention pour le règlement pacifique des conflits internationaux » signée à La Haye, entre la plupart des pays civilisés, le 29 juillet 1899 (1). Cette Convention a abouti à l'établissement des règles de l'arbitrage international et d'une Cour permanente d'arbitrage, à laquelle dix Républiques sud-américaines, dont le Pérou, ont déclaré, par traité signé à Mexico, le 29 janvier 1902, vouloir soumettre leurs contestations éventuelles (2).

34. Dans le préambule de la Convention de La Haye de 1899, on lit ces considérations générales : « Voulant étendre l'*empire du droit* et fortifier le *sentiment de la justice* internationale. » « Estimant avec l'auguste initiateur de la Conférence internationale de la paix qu'il

---

(1) V. texte, CLUNET, **1900**, p. 860.

(2) V. texte *in extenso* du traité sud-américain, CLUNET, *Tables générales* (1874-1905), II, p. 1127.

importe de consacrer dans cet accord international les principes d'*équité*
et de droit sur lesquels reposent la sécurité des États et le bien-être
des peuples, etc. »

35. Ces considérations doivent dorénavant inspirer les arbitres
chargés par la confiance des États en désaccord de trancher pacifique-
ment leurs litiges.

36. En fait, il en a été ainsi dans la rédaction des plus récentes
décisions rendues par le tribunal arbitral de La Haye.

Nous faisons spécialement allusion à l'arbitrage des affaires du
Vénézuéla, où furent parties onze Puissances européennes ou améri-
caines, et où le rédacteur de ces lignes eut l'honneur de porter la
parole pour la France et pour l'Espagne.

37. Nous extrayons de la sentence arbitrale prononcée le 22 février 1904 dans le différend du Venezuela, ce motif : « Considérant que
le tribunal en examinant le présent litige devait se régler d'après les
principes du droit international et les *notions de la justice* » et plus loin :
« Considérant que la *bonne foi qui doit régir les relations internationales*
impose le devoir de constater, etc. » (1).

38. Puisque nous avons été appelé à faire allusion à cette belle
institution de la Cour permanente d'arbitrage de La Haye, dans laquelle
la civilisation contemporaine a mis de si longs espoirs, constatons en
passant que, dans plusieurs sentences rendues à sa barre depuis 1900,
le Tribunal arbitral, recruté parmi les membres de la Cour permanente,
a consacré, par l'emploi qu'il en a fait, plusieurs règles de droit que
nous dégagions dans l'étude de la première question, — notamment sur
la source d'informations que fournissaient les actes, les arrangements
ou accords admis entre les Parties litigantes antérieurement au traité
dont l'interprétation était déférée aux arbitres.

---

(1) V. textes de la sentence et du procès tout entier, Clunet, *Tables générales* (1874-1905), II,
p. 1131.

39. Voir l'application de cette méthode :

1° Dans la sentence arbitrale du 14 octobre 1902 (affaire dite des Fonds pieux, entre les États-Unis et le Mexique), texte, journal de CLUNET, 1903, p. 694 ;

2° Dans la sentence arbitrale du 22 mai 1905 (affaire des taxes dans les concessions étrangères au Japon) V. texte, journal de CLUNET 1905, p. 759.

QUESTION V

Quelle valeur juridique, au point de vue de ses droits sur les territoires dis-
putés, l'Équateur peut-il tirer du protocole Pedemonte-Mosquera du
11 août 1830 ainsi que des documents antérieurs ou postérieurs à
ce protocole?

RÉPONSE

40. Le protocole Pedemonte-Mosquera signé à Lima le 11 août 1830
par les représentants du Pérou et de la Colombie nous paraît être,
dans le différend actuel, une pièce décisive en faveur des revendications de l'Équateur.

41. Le Pérou a senti toute l'importance que ce document avait
contre lui, puisqu'il ne l'a pas versé aux débats ouverts par la constitution de l'arbitrage en 1887. Ce n'est pas par le Pérou, mais par une
voie indirecte, qu'en 1904 seulement, a été révélée l'existence de ce
document « signé à Lima », et qui doit s'y trouver.

42. On voit, par la « Memoria » si significative adressée par
M. A. Garcia, ministre du Pérou en Équateur, à son gouvernement en
1890, que le Pérou connaissait le Protocole et qu'il avait conscience de
l'influence qu'il aurait sur la décision de l'arbitre en faveur de
l'Équateur (1).

43. Pour apprécier la portée du Protocole, il faut, suivant les meilleures méthodes d'interprétation que nous avons rappelées, compléter
son étude exégétique par l'examen des faits antérieurs et postérieurs à
sa confection.

---

(1) V. texte du « Memoria A. Garcia de 1890 », Memorandum H. Vazquez [1905], p. 8.

1° *Faits antérieurs au protocole Pedemonte-Mosquera :*

44. Sous la domination espagnole, le Pérou actuel et l'Équateur actuel correspondaient aux Vice-Royautés du Pérou et de la Nouvelle-Grenade.

Après l'indépendance, la Vice-Royauté du Pérou devint la république du Pérou, et la Nouvelle-Grenade devint la Colombie (ancienne). L'ancienne Colombie se décomposa à son tour en les trois Républiques actuelles : l'Équateur, la Colombie, le Vénézuela.

45. Plus spécialement, l'Équateur a succédé à la partie de la vice-royauté de Grenade, ou de l'ancienne Colombie, qui s'appelait, sous les Espagnols, « audience royale de Quito » *(real audiencia de Quito)*.

46. Jusqu'en 1802, il ne paraît pas y avoir eu de difficultés sur la division territoriale des deux Vice-Royautés du Pérou et de la Nouvelle-Grenade, dont les deux Républiques, aujourd'hui litigantes, sont respectivement les ayants droit.

47. La vice-royauté de la Nouvelle-Grenade, en vertu des cédules royales de 1563, de 1717 et de 1739, comprenait tout le territoire de l'audience royale de Quito, à laquelle l'Équateur actuel a historiquement succédé. En conséquence de ces actes souverains, et pendant toute cette période, le domaine de l'audience de Quito paraît s'être étendu dans la direction de la vice-royauté du Pérou, jusqu'au port de Paita, situé au sud de l'embouchure de la rivière Tumbes et avoir renfermé les territoires de Guayaquil, Jaen et Quijos, ainsi que la région de Maynas.

48. La dernière cédule royale de 1740 en réduisant, au profit de la vice-royauté du Pérou, la circonscription de l'audience royale de Quito ne semble pas avoir fait porter cette réduction sur les territoires aujourd'hui réclamés par l'Équateur, et qui continuèrent à dépendre de la Vice-Royauté de la Nouvelle-Grenade, auteur juridique de la république équatorienne, par l'intermédiaire de la Colombie.

49. Mais intervint la cédule royale de 1802 qui détacha de la vice-royauté de Nouvelle-Grenade (plus tard Colombie ancienne, et actuellement Équateur) le gouvernement de Maynas, avec les *pueblos* de

Quijos, à l'exception de Papallacta, pour les rattacher à la vice-royauté du Pérou.

Était-ce un rattachement territorial ou un simple rattachement administratif de services et de juridictions laissant intacte la délimitation antérieure de ces territoires ?

50. Quelle qu'ait été l'intention du rédacteur de la cédule de 1802, il résulte de l'exposé approfondi des destinées historiques de ce document, présenté par l'honorable M. H. Vasquez (1) que les événements ne lui ont pas permis en fait d'amener un remaniement territorial des divisions anciennes des vice-royautés du Pérou et de la Nouvelle-Grenade. Il suffit de rappeler le mouvement d'indépendance du mois d'août 1809 éclatant à Quito et s'étendant à tous les territoires que reliait entre eux, depuis le xvie siècle, une communauté d'intérêts et de vie politique.

Pour cet effort vers l'indépendance, tous les tronçons du corps national, que le temps avait formé, se rejoignirent.

51. Ce mouvement n'aboutit pas immédiatement, et l'Espagne réussit à le contenir en 1813 ; mais aussitôt qu'il put reprendre son essor, dès 1819, on voit les Républiques indépendantes, — d'où sortira plus tard, avec d'autres, celle de l'Équateur, — comprendre dans les territoires qu'elles groupent autour d'elle l'ancienne vice-royauté de la Nouvelle-Grenade, embrassant par conséquent l'audience royale de Quito avec son antique circonscription (Voir : loi fondamentale du Congrès de Venezuela du 17 décembre 1819 où est créé le titre de République de Colombie ; constitution colombienne donnée à Cucuta le 6 octobre 1821 ; instructions du Ministère des Affaires étrangères de Colombie du 11 octobre 1821 (3).

---

(1) *Memoria histórico-juridica*, Quito, 1901, n°s 36-40.

(2) Les textes cités par H. Vasquez de la *Recopilacion de Indias* sur les groupements de population et de territoire, organisés par les Rois Catholiques en 1563 pour la présidence de Quito, auteur juridique de l'Équateur, et en 1542 pour la Vice-Royauté de Lima, montrent, dans leur origine, la consistance telle qu'elle doit être de la république du Pérou et de la République de l'Équateur. Comment la première conteste-elle à la seconde le bénéfice d'une formation historique, qui lui profite à elle-même, et constitue son titre national ?

(3) V. ces textes H. Vazquez, *Memoria historico,-juridica*, p. 78.

52. Pour l'Espagne elle-même, la cédule royale de 1802 n'apparaît que comme un arrêté provisoire, bientôt abandonné. Dans l'annuaire espagnol pour 1822, intitulé *Guia de Forasteros*, les provinces de Maynas et de Jaen sont indiquées comme dépendant de la vice-royauté de la Nouvelle-Grenade (auteur *pro parte quâ* de l'Équateur).

53. Le point de vue des Républiques américaincs, et particuliè-rement de l'Équateur, recevra plus tard une consécration éclatante dans les traités de paix et d'amitié passés par cet État avec l'Espagne, et signés à Madrid le 16 février 1840.

La Mère-Patrie y renonce expressément en faveur de sa fille deve-nue indépendante, la République équatorienne, « à toute souverai-neté, à tous droits sur le territoire américain, connu sous le nom antique de royaume et présidence de Quito » (1).

54. Mais pour nous en tenir, — ce qui est l'objet de notre recherche immédiate, — aux événements qui ont précédé le protocole de 1830, et qui permettent d'en saisir la portée, il convient de retenir dans l'ordre chronologique les incidents suivants.

55. En 1823, les difficultés relatives à la délimitation de frontière entre le Pérou et la Colombie (aux droits de qui est l'Équateur aujour-d'hui) s'étant déjà produites, M. Mosquera, plénipotentiaire de la Colombie, se rend à Lima, à son retour du Chili et de Buenos-Aires.

Le traité du 18 décembre 1823, préparé par M. Mosquera et le représentant du Pérou, est rejeté le 10 juillet 1824, par le Congrès de Colombie, parce qu'il ne contient pas la clause originairement demandée par son plénipotentiaire, à savoir, que la ligne de démarcation entre les deux Républiques partirait de la bouche du fleuve Tumbes, dans le Pacifique, jusqu'au territoire du Brésil.

56. Pour bien marquer ses revendications, quinze jours aupara-vant, le 25 juin 1824, la Colombie avait édicté une loi de division ter-ritoriale comprenant, comme dépendant du domaine de la République,

---

(1) V. texte, *ibid,,* p. 79.

les territoires de Quijos, Macas, Maynas, Jaen, etc., c'est-à-dire, les territoires aujourd'hui contestés.

57. De 1824 à 1828, chaque République conserve sa position. La Colombie demande au Pérou de reconnaître que les provinces de Jaen, Maynas, etc., font partie intégrante de la Colombie. Le plénipotentiaire péruvien répond que cette reconnaissance ne rentre pas dans sa mission, — sans invoquer cependant la cédule de 1802, à titre de fin de non-recevoir.

58. La Colombie se lasse de la mauvaise volonté du Pérou à reconnaître ses droits et en appelle aux armes pour obtenir la restitution de ce qu'elle considère comme son bien. La guerre est déclarée. L'armée péruvienne envahit le territoire colombien.

59. Ici, se place un événement à noter. Le 3 février 1829, le général colombien Sucre, avant d'en venir aux mains, recourt à une suprême tentative de conciliation; il propose la nomination d'une commission dans le but de régler les frontières des deux États, « en prenant ponr base la division politique et civile des vice-royautés de Nouvelle-Grenade et du Pérou en août 1809, quand éclata la révolution de Quito, etc. ».

Le 7 février 1829, cette proposition est repoussée par le général péruvien Lamar, qui contre-propose de donner à la commission la mission vague et générale « d'établir les limites entre les deux Républiques ».

C'était la porte ouverte à des contestations sans issue. Echange de dépêches entre le général colombien et le général péruvien pour chercher un terrain d'entente (1).

60. Les négociations échouent. Les armées des deux Républiques en viennent aux prises à Tarqui, le 28 février 1829. Le Pérou est défait.

---

(1) (C) V. le texte de ces dépêches, H. Vazquez, *loc. cit.*, p. 84.

61. La Colombie use avec modération de sa victoire; elle ne veut imposer à son adversaire que ce qu'elle réclamait avant la bataille : les territoires qui dépendaient de la Vice-Royauté de Ia Nouvelle-Grenade, dont la Colombie est la continuatrice.

La volonté de la Colombie se manifeste au lendemain de la victoire de Tarqui, dans l'article 2 du *convenio* de Giron, que reproduira l'article 5 du traité de paix, signé sept mois après la bataille de Tarqui, à Guayaquil, le 22 septembre 1829.

62. Le traité de Guayaquil dit, dans cet article 5 : « Les deux Parties reconnaissent pour limites de leurs territoires respectifs celles qu'avaient avant l'Indépendance les vice-royautés de Nouvelle-Grenade et du Pérou, avec les seules différences qu'Elles jugeront convenable de s'accorder, à quel effet elles s'obligent dès à présent à se faire réciproquement telles concessions de petits territoires *(pequeños)* qui contribueront à fixer la ligne séparative d'une manière plus naturelle, exacte et capable d'éviter les questions de compétence et les difficultés entre les autorités frontières. »

63 Il suffit de rapprocher de ce texte les divers éléments d'appréciation ci-dessus exposés : formation politique des Vice-Royautés du Pérou et de la Nouvelle-Grenade (Colombie); consistance territoriale de l'audience de Quito; prétentions et actes de cette Audience en 1809; revendications incessantes des Républiques de la Colombie, puis de l'Équateur, héritiers directs de la vice-royauté de Nouvelle-Grenade et de l'audience de Quito; formules de ces revendications présentées par la Colombie à la veille même de la guerre et, — pour l'éviter, — répétition de ces formules jusque sur le champ de bataille à l'heure d'en venir aux mains, — pour que le sens de cet article 5 soit lumineux.

64. C'est pour les anciennes limites du royaume et présidence de Quito, incessamment réclamées par elle et refusées par le Pérou, que la Colombie avait recouru à la fortune des armes.

La Colombie l'emportait; elle exigeait naturellement que le vaincu payât l'enjeu de la lutte. Le Pérou vaincu s'inclinait et reconnaissait pour limites territoriales celles que le sort contraire des batailles ne lui permettait plus de contester.

2° *Le protocole Pedemonte-Mosquera du 11 août 1830.*

65. Le protocole Pedemonte-Mosquera est issu directement du traité de Guayaquil du 29 septembre 1829 ; il en est l'exécution.

L'article 6 de ce traité s'exprimait ainsi : « Pour obtenir ce résultat aussi vite que possible, il a été convenu expressément que sera nommée et constituée une commission composée de deux personnes pour chaque république qui redresse, rectifie et fixe la ligne séparative, conformément aux stipulations de l'article précédent. La commission, d'accord avec les gouvernements respectifs, mettra chaque partie en possession de ce qui lui revient au fur et à mesure qu'elle reconnaîtra et tracera la ligne dont s'agit, en commençant à partir du fleuve Tumbes, dans l'Océan Pacifique. »

66. En conformité de cette stipulation, M. Pedemonte, ministre des Affaires étrangères du Pérou, et M. Mosquera, ministre plénipotentiaire de Colombie à Lima, se réunirent dans cette dernière ville et signèrent, le 11 août 1830, le protocole qui porte leur nom.

67. Cet important document (1) débute par un exposé des prétentions contraires, telles que le Pérou et la Colombie se les étaient tant de fois opposées. Mais le temps des controverses est passé. En faveur de sa thèse, la Colombie a maintenant la victoire de Tarqui et le traité de Guayaquil. Aussi le représentant du Pérou admet-il les bases de délimitation telles que les propose le ministre de Colombie : la Colombie a droit à tout le territoire de la rive gauche du Marañon ou Amazone, le Pérou au territoire de la rive droite ; la seule question à résoudre sera de déterminer si, — en un point, — ce sera la rivière Chinchipe ou la rivière Huancabamba qui servira de frontière entre les deux pays ?

68. Le texte du protocole est déjà très intelligible par lui-même ; mais éclairé par l'historique des conditions où il a été signé, il porte en soi l'évidence.

La longue contestation entre les deux Républiques est close.
La thèse de la Colombie sur la répartition des territoires limitrophes entre les deux pays est contractuellement consacrée. Une seule ques-

---

(1) Cf. *suprà* nos 40, 41 et 42.

tion, secondaire, est renvoyée à une solution ultérieure, qui se précise ainsi :

En une section de la frontière méridionale de la Colombie, les deux pays seront-ils séparés par le Chinchipe ou par le Huancabamba ?

69. Les termes intentionnellement employés par le protocole sont d'une énergie et d'une clarté rares; voici, en effet, comment il conclut après le résumé de la discussion entre les deux plénipotentiaires, où celui du Pérou avait fini par réduire sa requête à ce que le gouvernement de Colombie consentît à prendre pour frontière plutôt le Chinchipe que le Huancabamba, parce que cette limitation, disait le ministre péruvien, était plus avantageuse pour son pays sans nuire à la Colombie *(conciliaba mas los intereses del Perú sin dañar á Colombia)*.

Le ministre de Colombie en demeura complètement d'accord, étant dès à présent reconnu le droit absolu de la Colombie à tout le territoire de la rive gauche du Marañon ou Amazone, et il admit la souveraineté du Pérou sur la rive droite. L'unique question restant pendante, était celle de résoudre si les limites entre les deux pays seraient le Chinchipe ou le Huancabamba *(quedando únicamente pendiente de resolver si debian regir los límites por Chinchipe ó Huancabamba)*.

70. La plus ingénieuse subtilité ne saurait parvenir à faire sortir de ce texte autre chose que ce qu'il renferme. Les revendications totales de la Colombie victorieuse sur les territoires dont la possession lui a paru valoir les risques d'une guerre, sont mises, par les parties, hors de controverse. Un seul point soigneusement circonscrit reste à résoudre. En un endroit de leur mitoyenneté territoriale, sera-ce le Chinchipe ou le Huancabamba, qui tracera la frontière?

Telle est l'unique question de limites qui reste « pendante » entre les parties.

3° *Faits postérieurs au traité de Guayaquil de 1829 et au protocole Pedemonte-Mosquera de 1830.*

71. La pensée des parties litigantes, tantôt celle du Pérou et tantôt celle de l'Équateur, se retrouve : dans le message du général Lafuente, vice-président du Pérou, au lendemain de la guerre (1); dans le rapport de la Commission chargée de présenter au Congrès péruvien le traité de 1829 (2); dans la dépêche du 5 février 1830, de M. Pando, ministre des Affaires étrangères du Pérou, au ministre de Colombie; dans la Constitution de 1830 de l'Équateur, devenu État indépendant, et affirmant les limites de son domaine (art. 6°) : « Le territoire de l'État comprend les trois départements de l'Équateur dans les limites de l'ancien royaume de Quito » (3), et dans une quantité de documents émanés soit du Pérou, soit de l'Équateur, reproduits ou analysés, année par année, dans la *Memoria historico-juridica*, de 1830 à 1887, époque où a été signé entre les deux pays l'arbitrage qui défère leur différend à la décision de Sa Majesté Catholique.

72. La lecture de ces documents, aussi nombreux que variés, intervenus dans le cours de relations que la situation géographique des deux pays rend incessantes, est édifiante pour déterminer les positions respectivement occupées par eux dans le dissentiment actuel.

73. L'attitude de l'Équateur est nette et constante. De façon inlassable, l'Équateur réclame comme siens les territoires que la Colombie, son auteur selon le droit public, a fait reconnaître contractuellement comme tels après la victoire de Tarqui, par le Pérou vaincu, et jusque-là récalcitrant.

L'Équateur ramène perpétuellement le Pérou à cette convention de 1829. (L'Équateur ignorait encore l'existence du protocole Pedemonte-Mosquera, si fortement corroboratif de la convention, et apparu seulement en 1904.) Le thème invariable de ses réclamations est le suivant : l'intégrité territoriale, conformément aux cédules du xviiiᵉ siècle, présentées dans les conférences de Guayaquil, intégrité formellement reconnue par l'article 5 du traité de Guayaquil : *ambas partes reconoren por limites de sus respectivos territorios los mismos que tenian antes de su independencia los antiguos virreinatos de Nueva-Granada y del Peru.*

---

(1) Posada : *Memorias historico-politicas*, cap. xvi, 4°, d'après H. Vazquez, *loc. cit.*, p. 185.

(2) V. texte : H. Vazquez, *loc. cit.*, p. 186, n° 161.

(3) V. texte : H. Vazquez, loc. cit., p. 124.

74. Le Pérou, au contraire, épilogue sur le traité de 1829 ; il s'efforce de ressusciter des prétentions auxquelles sa défaite l'avait obligé à renoncer par contrat ; il rentre dans la discussion des documents que la conclusion du traité avait eu pour objet d'écarter, tel que la cédule royale de 1802 ; il cherche tous les moyens de réduire le traité à l'état de lettre morte : il se sert tour à tour de la force d'inertie ou des ressources ingénieuses de la casuistique ; il s'efforce de maintenir le traité de 1829 à l'état de controverse ouverte pour s'autoriser à en suspendre provisoirement l'exécution.

75. Pour s'expliquer cette attitude, il convient d'avoir présents à l'esprit deux faits : le premier c'est que le Pérou n'avait plus devant lui la République de Colombie qui l'avait vaincu à Tarqui. Forte et redoutable par le nombre de ses habitants, par l'étendue de son territoire et l'importance de ses ressources, alors qu'elle formait un État unique représentant toute la partie septentrionale de l'Amérique latine, la Colombie aurait été en mesure d'imposer à nouveau par la force, mise au service du droit, le respect des conventions signées.

Depuis, l'unique grand État de Colombie s'était fractionné en trois États indépendants (l'Équateur, la Colombie et le Vénézuela). Le Pérou n'avait plus en face de lui que le premier de ces États, l'Équateur, le moins étendu et le moins peuplé des trois. La balance des forces penchait maintenant en faveur du Pérou. Ne pouvait-il pas paraître amer au pays vaincu d'être obligé d'accomplir, au profit d'un héritier plus faible et qui aurait été matériellement hors d'état de la lui imposer, une obligation qu'il avait été contraint de prendre envers un auteur plus fort, mais à jamais évanoui dans le passé de l'histoire ?

76. Le second fait, c'est que le protocole Pedemonte-Mosquera, si démonstratif, était (à la connaissance du Pérou) ignoré de l'Équateur, ce qui permettait au Pérou de tenter une argumentation, qui devient singulièrement malaisée en face de ce texte explicite.

---

(1) V. H. Vazquez, n° 115 et suiv.

77. Mais, de tels calculs, qui trouvent, sinon leur excuse, au moins leur explication, dans les mobiles de l'intérêt, si puissants sur les actes des collectivités aussi bien que sur ceux des individus, sont sans influence pour décider du droit des peuples, fondé sur les conventions au bas desquelles ils ont apposé leurs signatures dans la plénitude de leur capacité : *Pacta sunt servanda.*

78. En tout cas, un arbitre chargé de juger en droit ne saurait en faire état. Or, l'article premier du compromis péruviano-équatorien du 1ᵉʳ août 1887 spécifie que S. M. le Roi d'Espagne doit décider « comme arbitre de droit » et que les parties litigantes auront à faire valoir « les arguments juridiques » qui conviendront.

QUESTION VI

L'État de l'Équateur, qui a succédé pro parte quâ à l'État de Colombie, a-t-il appréhendé, avec la souveraineté sur la fraction de territoire recueillie, les droits qui peuvent y être attachés?

RÉPONSE

79. Les États, qu'ils soient simples ou composés, se forment par la tradition historique, l'occupation, la conquête, l'annexion volontaire ou non, la fusion, — quelquefois par un phénomène que les naturalistes dénomment « scissiparité » et les historiens « sécession », c'est-à-dire par la fragmentation ou le fractionnement, imposé ou amiable, d'un État unique en deux ou plusieurs États.

80. L'antiquité connut le démembrement de l'empire d'Alexandre et la dislocation de l'empire romain; le moyen âge, celle de l'empire de Charlemagne. Mais ces exemples, empruntés à des conditions historiques totalement différentes de la vie des nations modernes, ne peuvent fournir de règles pour les temps actuels.

81. On peut étudier, au contraire avec utilité, les précédents de date récente fournis par la sécession de la Belgique et de la Hollande, que les diplomates de 1815 avaient tenté de réunir sous le nom de Pays-Bas (1); — par les sécessions survenues, sous nos yeux, en 1903, de la République de Panama et de la Colombie; — en 1905, de la Suède et de la Norvège.

83. D'une façon analogue, la République de Colombie, occupant l'immense territoire septentrional de l'Amérique latine, s'est divisée,

---

(1) V. Debidour, *Histoire diplomatique de l'Europe*, I, p, 281. Paris, Alcan, 1891.

Cf. Lavisse et Rambaud, *Histoire générale*, X, Les monarchies constitutionnelles, p. 334. Paris, Colin, 1898.

après 1830, en trois républiques indépendantes : l'Équateur, la Colombie, le Vénézuéla. Chacun de ses États a recueilli les droits territoriaux et personnels qui appartenaient à l'auteur commun, la Colombie, à raison de la fraction aujourd'hui dévolue par le jeu des événements historiques à chaque continuateur partiel de la collectivité éteinte.

84. La Belgique occupe, avec tous les droits y afférents, la portion du territoire qui jusqu'en 1830 était soumise à la souveraineté unique et générale des Pays-Bas. Ainsi en est-il pour la Norvège, partie intégrante, jusqu'en 1905, du royaume unique de Suède-Norvège, et aujourd'hui État distinct et indépendant.

85. Il semble, en fait, que le Pérou reconnaît que l'Équateur est au lieu et place de la Colombie pour les territoires que l'Équateur occupe (audience de Quito) et les droits qui découlent de cette occupation. En effet, on lit dans le mémoire péruvien : « La République de l'Équateur, héritière de la Colombie dans les départements limitrophes ·avec le Pérou, ne trouva pas une délimitation précise, mettant en évidence l'étendue de la souveraineté de chacun des deux États. » (*Alegato*, 1ʳᵉ édition, p. 114.)

86. Nous en tirons la conséquence que l'Équateur peut se prévaloir, à l'encontre du Pérou, du traité imposé par la Colombie à ce dernier pays le 22 septembre 1829 à Guayaquil, et du protocole Pedemonte-Mosquera de 1830.

87. Nous justifions notre opinion. C'est une question, nous le reconnaissons, que celle de savoir jusqu'à quel point les traités passés par l'État disparu peuvent être invoqués ou repoussés par les États nouveaux qui l'ont remplacé ? La réponse n'est pas absolue. S'il s'agit de traités ayant un caractère *personnel* ou engageant l'action politique de l'État nouveau (traités d'alliance, traités de commerce, etc.), la controverse reste ouverte.

88. Deux systèmes se présentent : d'après le premier système, les États nouveaux resteront soumis à tous les traités sans exception, conclus par la souveraineté primitive dont ils procèdent ; le fractionnement de l'État ancien ne doit apporter aucune modification aux rapports juridiques établis avec les autres Puissances; le changement survenu dans la condition politique de l'un des contractants ne saurait exercer aucune influence sur ces rapports

89. D'après le second système, tous les traités conclus antérieurement par l'État disparu, disparaissent au contraire avec lui; l'État nouveau constitue une personnalité nouvelle, libre de ses engagements; son indépendance ne serait plus entière, s'il se trouvait enchaîné par des traités auxquels sa volonté propre n'a point concouru.

Dans ce système, il faudrait toutefois faire une distinction; si l'État nouveau demeurait libre de récuser les traités passés par l'État disparu avec les autres Puissances, celles-ci seraient-elles fondées à invoquer le changement de condition de leur co-contractant, pour le cas où, malgré cette modification, l'État nouveau entendrait se prévaloir contre elles des traités conclus avec son prédécesseur?

Ne conviendrait-il pas de raisonner, par analogie, avec les règles inscrites dans le Code civil en matière d'engagements conclus entre personnes capables et incapables; si les mineurs et les interdits peuvent attaquer leurs engagements, les personnes capables avec qui ils ont contracté ne peuvent opposer l'incapacité des mineurs ou des interdits (1). Ainsi, on pourrait concevoir que l'État nouveau aurait la faculté, à son gré, de se prévaloir ou de s'affranchir des traités antérieurs, mais que les autres Puissances demeureraient tenues de les observer, si l'État nouveau en réclamait l'exécution.

90. Mais les controverses que nous indiquons ne se produisent pas relativement aux Traités d'où résultent des obligations *réelles*, c'est-à-dire des obligations se rapportant directement au territoire de l'État nouveau. S'il s'agit d'un traité constitutif de l'étendue même du domaine soumis à la souveraineté de cet État, en fixant les limites, en déterminant les servitudes, réglant la navigation de ses cours d'eau et de ses voies de communication, organisant l'entretien des phares mari-

---

(1) Art. 1125 et 1305, *Code civil français*.

times, etc., l'État nouveau s'en prévaudra valablement vis-à-vis des autres Puissances, — et réciproquement, celles-ci à l'égard de l'État récemment entré dans le concert des Nations.

91. L'amplitude des droits acquis par l'État nouveau sur le territoire, fondement de son entité nationale, doit se mesurer exactemeut sur ceux de l'État disparu qu'il remplace en totalité ou en partie. Les anciens traités demeurent, ils sont opposables à tous ; ils ne s'évanouissent pas avec l'État ancien qui les a négociés, car ils ont été conclus *propter rem* (1).

92. On a appelé ces traités : « Traités de disposition », c'est-à-dire de dispositions impératives, de stipulations définitives. Les traités concernant le territoire rentrent directement dans cette catégorie.

L'état de choses créé par les « Traités de disposition » est généralement indépendant de la permanence ou de l'extinction de la nation qui les a conclus : il subsiste en conséquence après l'absorption de cette nation par une ou plusieurs autres. Même solution, lorsque plusieurs États succèdent à un seul qu'ils se sont partagé.

---

(1) Ainsi en est-il également des contrats en vertu desquels des dettes ont été contractées dans l'intérêt du territoire ; ce territoire et ses fruits (impôts, revenus, etc.) sont le gage naturel des créanciers. Quel que soit l'État qui détiendra ce territoire, il devra subir, comme il pourra invoquer, les contrats antérieurs.

QUESTION VII

Le Pérou serait-il fondé à opposer aux réclamations territoriales de l'Équateur la prescription, fondée sur la possession de fait des territoires contestés?

RÉPONSE

93. L'usucapion ou la prescription est un mode d'acquisition entre particuliers : elle est consacrée en ces termes par l'article 2219 du Code civil français : « La prescription est un moyen d'*acquérir* ou de se libérer par un certain *laps de temps* et sous les conditions déterminées par la loi »; et l'article 2229 indique la condition à laquelle ce mode d'acquisition est subordonné : « pour pouvoir prescrire il faut une *possession* continue et non interrompue, paisible, publique, non équivoque et à titre de propriétaire »; puis le Code indique, suivant la nature des actions et des choses susceptibles d'être usucapées, « le temps requis pour prescrire. »

94. La prescription acquisitive s'applique-t-elle dans les rapports des États entre eux ?

Presque tous les auteurs ont traité cette question et la plupart l'ont résolue affirmativement. Tout en proclamant que c'est une institution positive du droit civil inconnu au droit des gens, puisqu'il n'existe aucun laps de temps fixé par le consentement des nations, pour transformer le simple fait de la possession en un titre juridique, on déclare que les besoins qui ont créé la prescription pour les rapports entre simples citoyens sont peut-être plus vivement ressentis encore dans les relations entre les peuples (1).

---

(1) Rivier. *Principes*, I (1896), p. 183.

95. Donc les nécessités de la vie internationale ont fait admettre que la possession ancienne et effective d'un territoire suppose le droit d'y exercer la souveraineté et le met à l'abri des contestations ou revendications des autres États. Autrement, la carte du monde serait toujours à refaire !

96. Mais « il va sans dire que pour servir de base à un droit de souveraineté bien établi, la possession doit être incontestée et ne pas faire l'objet de réclamations de la part des populations du territoire ni d'une autre Puissance ; c'est en ce sens qu'il faut entendre la parole de Heffter : « un siècle de possession injuste ne suffit pas pour enlever à celle-ci le vice de son origine (1). »

97. D'où il suit que si la possession de fait d'un territoire par un État peut lui faire acquérir un droit légitime de souveraineté sur ce territoire et la population qui l'habite, c'est parce qu'après un certain temps, on présume que l'État dépossédé, et la population annexée, ont tacitement accepté le nouvel ordre de choses.

98. Aussi, par analogie avec les règles de la prescription civile que l'équité a dictées, on admet que la « prescription acquisitive » transportée dans le domaine des relations internationales doit être continue, non contestée, paisible, publique et immémoriale, puisqu'aucun délai déterminé ne peut-être invoqué (2).

99. La possession de fait du Pérou, dans le litige actuel, ne réunit évidemment pas ces conditions nécessaires.

Quelles que soient les tentatives d'actes de souveraineté que le Pérou aurait exercées sur les territoires contestés, il résulte de documents certains que cette possession de fait se heurte :

1° Aux titres historiques de la Colombie et de l'Équateur son héritier, échelonnés du xviᵉ au xixᵉ siècle, qui ont toujours été opposés aux prétentions du Pérou ;

---

(1) DESPAGNET. *Droit internat. public*, 2ᵉ édit. (Paris 1899), n° 390.

(2) Cf. PIÉDELIÈVRE. *Droit internal. public*, I (Paris 1894), p. 372.

2° Aux titres immédiats de l'Équateur, ayant-droit de la Colombie, c'est-à-dire au traité de Guayaquil du 22 septembre 1829 et au protocole d'exécution du 11 août 1830, dont l'Équateur a sans relâche demandé la réalisation ;

3° Aux réclamations réitérées, aux protestations incessantes de l'Équateur, de 1830 à 1887, qui se sont manifestées par une série d'actes positifs analysés dans la « Memoria historico-juridica » (n° 106 à 149).

100. Dès lors la possession de fait du Pérou — au lieu d'être immémoriale, est contredite par des titres formels et récents, — au lieu d'être paisible et non contestée, a été incessamment querellée par l'État propriétaire des territoires disputés, qui les a toujours réclamés comme siens, en invoquant ses titres historiques et juridiques.

101. Une telle possession est inapte à fonder une prescription acquisitive ; sa précarité même lui enlève toute vertu juridique ; elle constitue une simple « voie de fait », pour la cessation de laquelle l'État dépossédé n'avait que l'*ultima ratio* du recours aux armes. Il y avait déjà recouru une première fois en 1829, sous le pavillon de la Colombie, malgré la fraternité des races et la communauté d'origine.

Un arbitre juridique ne retiendra pas comme un argument contraire à la thèse et aux droits de l'État dépossédé le fait fort louable de ne pas avoir fait couler le sang une seconde fois.

CONCLUSIONS

I

· Les règles interprétatives des clauses des traités publics sont les mêmes que celles des traités privés.

Pour déterminer l'intention des Hautes Parties Contractantes, il convient de s'attacher aux circonstances qui ont précédé, accompagné et suivi la signature d'un traité.

II

La portée et les conséquences d'un traité de paix, subi et accepté par le vaincu, sont dans un rapport direct avec les réclamations à raison desquelles le vainqueur a assumé les risques de la guerre, alors surtout que ces réclamations avaient été, depuis plusieurs années, ouvertement et incessamment formulées.

III

Les procès-verbaux des conférences préliminaires à la signature d'un traité de paix sont une source officielle d'interprétation de ce traité.

Les déclarations des négociateurs, à moins de réserves contraires et expresses, doivent être considérées comme des déclarations engageant la Puissance qui les a accrédités.

IV

Les principes de la morale et du droit naturel, c'est-à-dire, la bonne foi, la justice et l'équité, doivent servir de règle à l'interprétation des traités publics; elles doivent également inspirer les Arbitres à qui la sagesse d'États indépendants remet le soin de trancher amiablement leurs conflits.

En pratique, les décisions arbitrales rendues récemment à la Cour permanente d'arbitrage de La Haye, dans des contestations importantes entre un grand nombre d'États, ont fait application de cette règle.

V

Le protocole Pedemonte-Mosquera signé à Lima le 11 août 1830 constitue une pièce décisive en faveur des revendications de l'Équateur.

Le Pérou paraît l'avoir compris lui-même. Il suffit de rappeler qu'il a pris soin de ne pas le verser aux débats, alors qu'il le connaissait.

Cette opinion d'ailleurs a été expressément émise par le représentant péruvien auprès de l'Équateur, dans un Mémoire adressé par cet agent diplomatique à son gouvernement, en 1890, alors que depuis trois ans l'arbitrage entre le Pérou et l'Équateur était ouvert, en conséquence du compromis signé entre ces deux pays à Quito le 1er août 1887.

Les territoires contestés rentrent historiquement dans le domaine de l'ancienne audience ou présidence de Quito dont l'Équateur est l'héritier médiat, comme étant aux droits de la vice-royauté de la Nouvelle-Grenade, par l'intermédiaire de la Colombie (ancienne), son auteur immédiat.

La cédule royale de 1802 paraît avoir eu pour effet un simple rattachement administratif ou ecclésiastique à la vice-royauté du Pérou, et non un démembrement territorial de l'ancienne audience de Quito au profit de cette vice-royauté.

Depuis l'origine du mouvement de l'Indépendance en 1809, les groupements politiques qui se sont formés et d'où sont issues les trois républiques modernes de l'Équateur, de la Colombie et du Vénézuela, ont toujours compris les anciens territoires de l'audience de Quito, dont l'Équateur actuel a recueilli la succession.

L'Espagne elle-même, de qui émanait la cédule de 1802, ne l'a pas entendu autrement; les territoires contestés, ancienne dépendance de l'audience de Quito, sont indiqués dans la *Guia de Forasteros* de 1822, comme ressortissant de la Nouvelle-Grenade, auteur médiat de l'Équateur. Le traité de paix signé à Madrid le 16 février 1840 entre l'Équateur et l'Espagne s'exprime dans le même sens, et a, sur ce point, la valeur d'un acte récognitif.

Les revendications de l'Équateur sur ces territoires, auxquels cet État prétend en vertu d'un titre historique, ont été incessantes et invariables. C'est le refus par le Pérou de le reconnaître qui a été la cause pour laquelle la Colombie, auteur de l'Équateur, a entrepris la guerre, terminée à Tarqui le 28 février 1829 par la défaite du Pérou et dont les conséquences territoriales ont été réglées à Guayaquil, par le traité du 22 septembre 1829.

Le protocole de Pedemonte-Mosquera, du 11 août 1830, constitue, non un traité nouveau ou complémentaire, mais l'exécution du traité de paix de Guayaquil (1).

Ce protocole fixe définitivement, comme ligne séparative entre l'État péruvien et l'État équatorien, le Marañon ou Amazone. Les plénipotentiaires réservent une question, et non plusieurs, à une entente ultérieure entre leurs Gouvernements, celle de savoir si, en une section de cette ligne, le Chinchipe ou le Huancabamba tracera la frontière.

C'est là la seule question de limites restant « pendante » entre les

---

(1) Cette opinion paraîtra d'autant moins hasardée qu'elle a pour elle l'autorité du ministre péruvien près le gouvernement de l'Équateur. Se reporter à la « Memoria » adressé en 1890 par cet agent diplomatique à son Gouvernement, où on lit : « Es probable que, presentado por el Ecuador como un *instrumento de simple ejecucion,* y estando en lo relativo al rio Tumbes, de acuerdo con el pacto aprobado por los Congresos, tendria en el juicio arbitral un valor decisivo. » (V. Memorandum H. Vazquez, p. 8).

deux États. Or, comme le compromis du 1ᵉʳ août 1887 ne soumet à l'arbitrage que les « questions de limites pendantes entre les deux pays », c'est l'unique point sur lequel l'auguste arbitre aura à se prononcer; il est appelé à remplacer « l'entente » entre les deux Gouvernements du Pérou et de l'Équateur, vainement cherchée depuis soixante-quinze ans. Pour trancher cette difficulté, l'arbitre, étant « arbitre de droit », se déterminera par des « arguments juridiques ».

L'Équateur a raison d'espérer une solution en sa faveur, car la moins incertaine et la plus universellement reconnue des règles juridiques est celle-ci : « Les conventions légalement formées tiennent lieu de loi à ceux qui les ont faites » (1).

VI

La République de l'Équateur en même temps qu'elle succédait à la République de Colombie pour la souveraineté du territoire dont une fraction lui échéait (ancienne présidence ou audience de Quito) recueillait les droits afférents à cette fraction du territoire de l'État disparu.

L'État nouveau peut réclamer, relativement à l'étendue, aux limites et à la consistance du territoire recueilli, le bénéfice des traités antérieurement conclus par l'État disparu.

Les Traités comme les traités de limites, sont des traités d'où découlent des obligations réelles.

Ces traités, conclus *propter rem*, sont indépendants de la permanence ou de l'extinction de l'État qui les a négociés; ils subsistent au profit de l'État ou des États en lesquels ont pu se transformer les États contractants.

---

(1) V. art. 1134 Code civil français. — Code espagnol de 1889, art. 1278. — Code civil italien de 1865 art 1123.

On remarquera que les règles juridiques qui gouvernent les contrats ou obligations conventionnelles en général » sont de plus en plus prises en considérations par les tribunaux arbitraux dans les litiges internationaux. Ainsi le tribunal arbitral de la Haye, dans la contestation des « fonds pieux » entre les États-Unis et le Mexique, a décidé dans sa sentence du 14 octobre 1902 (v. texte Clunet 1903, p. 694) que la *res judicata* produirait ses effets dans les rapports entre Nations. C'est l'application en droit public des art. 1350 et 1351 du Code civil français, qui figurent au titre des « Contrats et obligations ».

VII

La prescription est un mode d'acquisition du droit civil qui est admis généralement dans les rapports de droit public entre les nations.

Mais ce mode d'acquisition suppose, même dans les relations internationales, une possession continue, paisible, immémoriale, non équivoque et non contestée.

La possession par le Pérou des territoires contestés ne réunit point ces caractères. Affectée d'une précarité persistante, et contestée énergiquement à toute époque par l'Équateur, cette possession n'a pu servir de fondement à une « prescription acquisitive ».

Fait à Paris, le 20 mars 1906.

ÉDOUARD CLUNET,

AVOCAT A LA COUR DE PARIS,

MEMBRE DE L'INSTITUT DE DROIT INTERNATIONAL, ANCIEN VICE-PRÉSIDENT.

TABLE

Pages

IMPRIMERIE CHAIX, RUE BERGÈRE, 20, PARIS. — 3042-2-06. — (Encre Lorilleux).